My SPANISH Sticker Atlas

Catherine Bruzzone and Louise Millar
Illustrations by Stu McLellan
Spanish Consultant: María Concejo

Índice/Contents

Norteamérica y Centroamérica/	
North and Central America	4
Sudamérica/South America	6
Europa/Europe	8
África/Africa	10
Asia/Asia	12
Australia, Nueva Zelanda y las Islas del Pacífico/	
Australia, New Zealand, and the Pacific Islands	14
Antártida/Antarctica	16
Océano Ártico/The Arctic Ocean	17
Nombres de los países/Names of countries	18
Parablas y espresiones de los mapas/	
Words and expressions on the maps	20
Las respuestas/Answers	inside back cover

BARRON'S

Using this atlas

This atlas will show you how important languages are in our world. The world is huge, but we now have the chance to meet and speak to people from many other countries. Of course, we can't speak every language in the world, but we can be curious and interested and prepared to learn a few words and phrases. Language is the key to making new friends.

This atlas has maps of the following regions:
pages 4-5 North and Central America
pages 6-7 South America
pages 8-9 Europe
pages 10-11 Africa
pages 12-13 Asia
pages 14-15 Oceania (Australia, New Zealand, and the Pacific Islands)
pages 16-17 The Arctic and the Antarctic

The countries, mountains, seas, and rivers are labeled in Spanish so you can learn lots of new Spanish words. On pages 18 and 19, all the countries are listed region by region according to their numbers on the maps and with their translations. On page 20 are useful map words with their definite articles and translations. On the inside back cover are the answers to questions about the languages of the different regions.

Using the stickers

Each sticker has its name in Spanish. Match the word and picture to the shape and translation on the map pages. You will learn the Spanish names for some important foods, animals, plants, industries, natural features, crops, and monuments in each region.

γεια σου שלום

Languages of the world

How many languages do you know? There are thousands of languages in the world and many different alphabets (you can see just a few around the border of this page). The island of Papua New Guinea (see page 14) has over 700! And most people in the world are bilingual; they speak more than one language.

You will find lists of the official or national languages of the countries shown on these maps. The national language is the language used by the government, in education, in the media, and at work. Not everyone can speak the national language in his or her country.

The eight main national languages in the world are: English, Mandarin Chinese, Hindi, Spanish, Russian, French, Arabic, and Portuguese. English is used in the greatest number of countries but Mandarin Chinese is spoken by the most people.

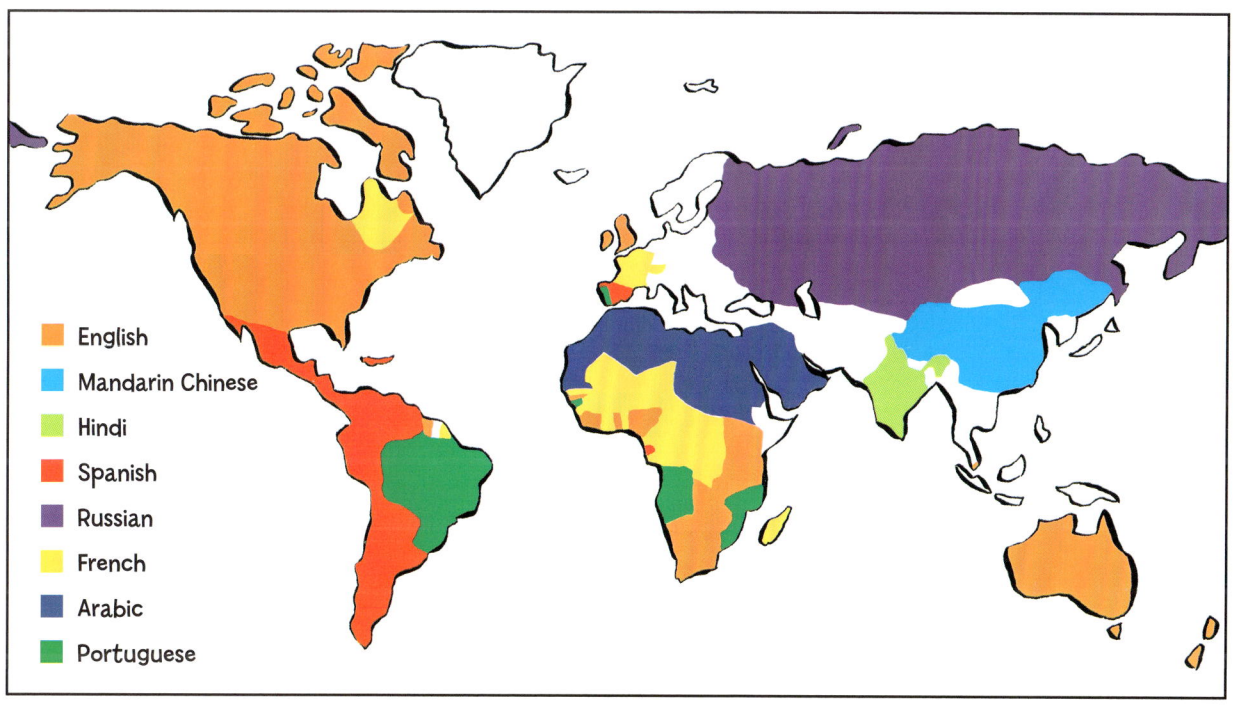

- English
- Mandarin Chinese
- Hindi
- Spanish
- Russian
- French
- Arabic
- Portuguese

здравствуй

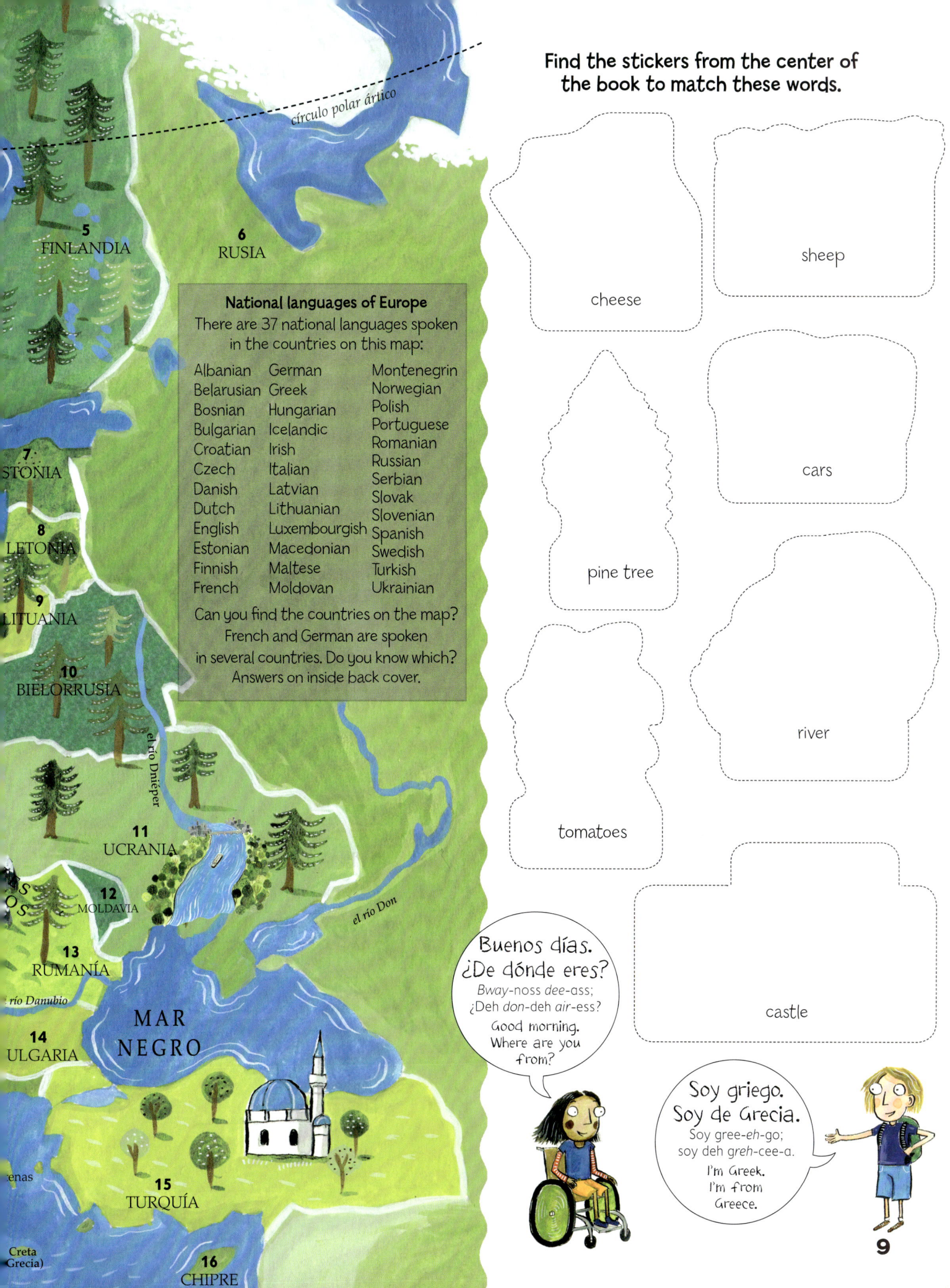

La comida
Foods

Norteamérica y Centroamérica páginas 4-5

la fruta
la *froo*-ta

Sudamérica páginas 6-7

la ternera
la tair-*nair*-a

África páginas 10-11

el cacao   **el chocolate**
el kak-ah-o   el choco-lah-teh

Europa páginas 8-9

el queso
el *kay*-so

Asia páginas 12-13

el arroz
el ah-*ross*

Australia, Nueva Zelanda y las Islas del Pacífico páginas 14-15

la mantequilla
la manteh-*kee*-ya

Océano Ártico página 17

el ganso
el *gan*-so

Los animales Animals

África páginas 10-11

el elefante
el ele*fant*-eh

Europa páginas 8-9

las ovejas
las *oveh*-has

Antártida página p 16

el pingüino
el peen-*gweeno*

Norteamérica y Centroamérica páginas 4-5

el oso
el *osso*

Sudamérica páginas 6-7

la llama
la *yah*-ma

Asia páginas 12-13

el tigre
el *tee*-greh

Australia, Nueva Zelanda y las Islas del Pacífico páginas 14-15

el canguro
el kan-*goo*-ro

Océano Ártico página 17

el oso polar
el osso pol-*lar*

Put the gold stars on the countries you have been to, the country you live in now, and the country (or countries) your family comes from. Put purple stars on the countries you would like to visit.

Asia páginas 12-13

Norteamérica y Centroamérica páginas 4-5

Los monumentos
Monuments

Australia, Nueva Zelanda y las Islas del Pacífico páginas 14-15

Sudamérica páginas 6-7

la Gran Muralla
la gran mu*rah*-ya

el puente de la Bahía de Sidney
el *pwen*-teh deh la *bah*-ya deh *seed*-neh

la catedral
la kateh-*dral*

la Estatua de la Libertad
la ess-*tat*-oo-a deh la leebair-*tad*

Europa páginas 8-9

Antártida página 16

África páginas 10-11

el castillo
el kas*tee*-yo

el laboratorio científico del hielo
el laborator-ee-o see-en-*tee*-feeko del hee-*eh*-lo

la pirámide
la peer-am-eedeh

Las plantas
Plants

África páginas 10-11

la palmera
la pal*mair*-a

Sudamérica páginas 6-7

la orquídea
la orkee-*deh*-a

Norteamérica y Centroamérica páginas 4-5

el cactus
el *kak*-toos

Asia páginas 12-13

el bambú
el bam*boo*

Europa páginas 8-9

el pino
el *peeno*

Australia, Nueva Zelanda y las Islas del Pacífico páginas 14-15

el cocotero
el koko-*tair*-o

Océano Ártico página 17

las algas
las *al*-gas

Las cosechas
Crops

África páginas 10-11

el maíz
el *mah*-eez

Antártida página 16

el pez
el *payce*

Norteamérica y Centroamérica páginas 4-5

el trigo
el *tree*-go

Asia páginas 12-13

el té
el *teh*

Australia, Nueva Zelanda y las Islas del Pacífico páginas 14-15

la caña de azúcar
la *kan*-ya deh asoo-*kar*

Sudamérica páginas 6-7

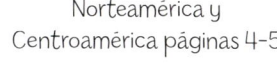

el café
el *kafeh*

Europa páginas 8-9

los tomates
los to*mah*-tess

Las industrias
Industries

África páginas 10-11

el turista
el tour-ee-sta

Europa páginas 8-9

los coches
los koch-ess

Asia páginas 12-13

la exploración espacial
la explorasee-on esspass-ee-al

Norteamérica y Centroamérica páginas 4-5

los ordenadores
los ordenad-or-ess

Australia, Nueva Zelanda y las Islas del Pacífico páginas 14-15

las minas de oro
las meenass deh oro

Antártida página 16

la ciencia
la see-en-see-a

Sudamérica páginas 6-7

la aceite
la ah-say-teh

Las características naturales
Natural features

Norteamérica y Centroamérica páginas 4-5

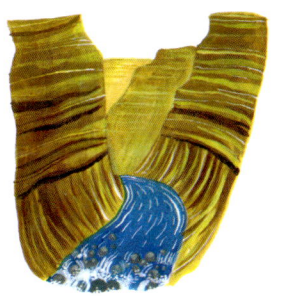

el cañón
el kan-yon

Asia páginas 12-13

la montaña
la mon-tan-ya

Australia, Nueva Zelanda y las Islas del Pacífico páginas 14-15

el desierto
el deh-see-airto

Sudamérica páginas 6-7

la selva tropical
la selva tropee-kal

África páginas 10-11

la jungla
la hoong-la

Océano Ártico página 17

el hielo
el yeh-lo

Europa páginas 8-9

el río
el ree-o

Antártida

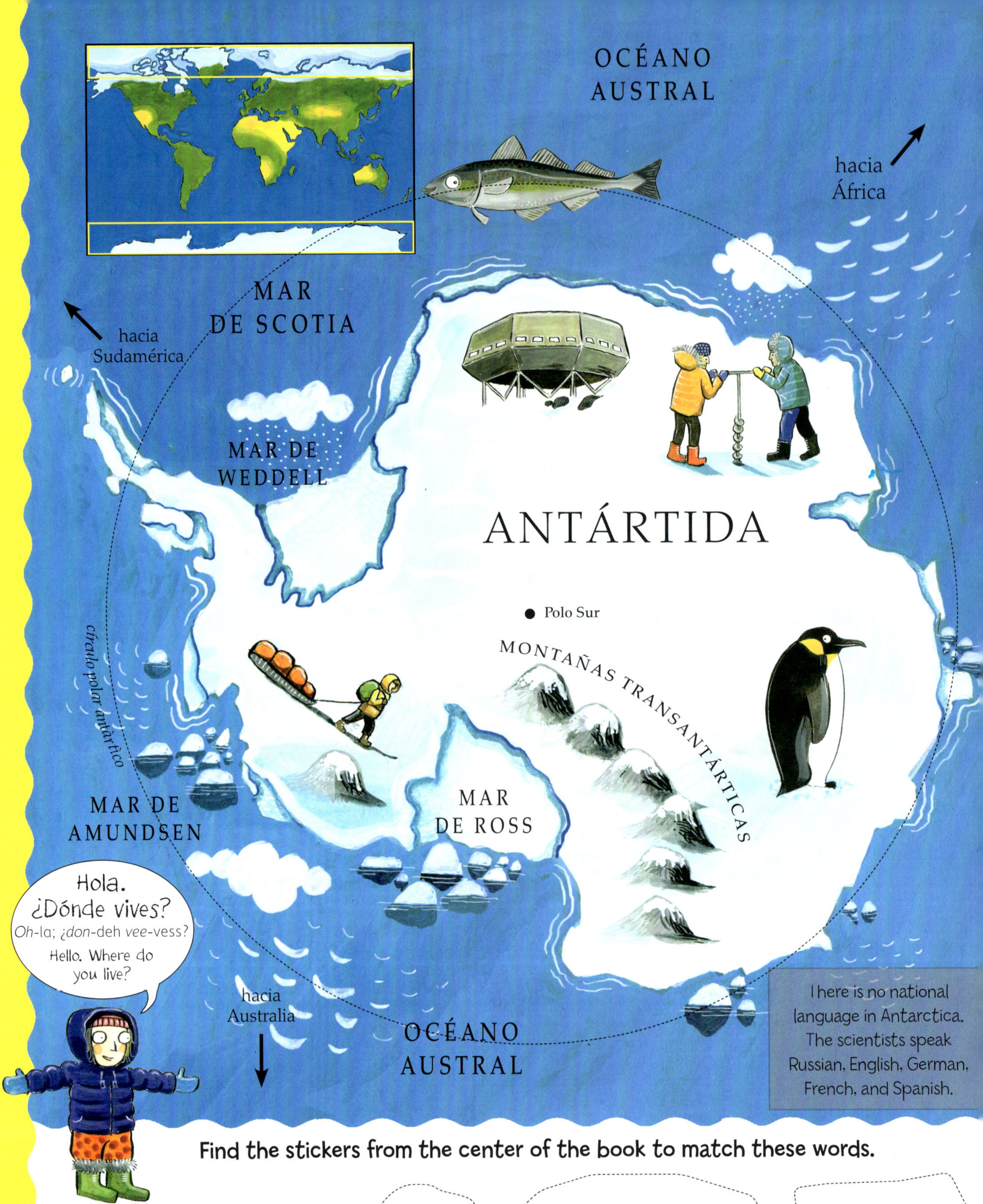

OCÉANO AUSTRAL

hacia África

MAR DE SCOTIA

hacia Sudamérica

MAR DE WEDDELL

ANTÁRTIDA

• Polo Sur

MONTAÑAS TRANSANTÁRTICAS

círculo polar antártico

MAR DE AMUNDSEN

MAR DE ROSS

Hola. ¿Dónde vives?
Oh-la; ¿don-deh vee-vess?
Hello. Where do you live?

hacia Australia

OCÉANO AUSTRAL

There is no national language in Antarctica. The scientists speak Russian, English, German, French, and Spanish.

Find the stickers from the center of the book to match these words.

fish

penguin

ice science laboratory

science

16

Océano Ártico

Languages spoken on the map: English, French, Greenlandic, Norwegian, Finnish, Swedish, Russian.

OCÉANO PACÍFICO

MAR DE OJOTSK

MAR DE BERING

GOLFO DE ALASKA

círculo polar ártico

4 RUSIA

1 CANADÁ

OCÉANO ÁRTICO

· Polo Norte

el río Yenisey

Isla de Baffin (Canadá)

Svalbard (Noruega)

2 GROENLANDIA

el río Ob

■ Nuuk

MAR DE GROENLANDIA

Vivo en Groenlandia.
Vee-vo en groyn-*land*-ee-a.
I live in Greenland.

3 ISLANDIA

OCÉANO ATLÁNTICO

MAR DE NORUEGA

Find the stickers from the center of the book to match these words.

seaweed

polar bear

goose

ice

17

Los nombres de los países/Names of countries

Norteamérica y Centroamérica p.4
North and Central America p.4
1. Canadá Canada
2. Estados Unidos de América United States of America
3. México Mexico
4. Guatemala Guatemala
5. Belice Belize
6. Honduras Honduras
7. El Salvador El Salvador
8. Nicaragua Nicaragua
9. Costa Rica Costa Rica
10. Panamá Panama
11. Las Bahamas The Bahamas
12. Cuba Cuba
13. Jamaica Jamaica
14. Haití Haiti
15. República Dominicana Dominican Republic
16. Puerto Rico Puerto Rico
17. Islas de Barlovento Leeward Islands
18. Islas de Sotavento Windward Islands
19. Trinidad y Tobago Trinidad and Tobago

Alaska (EE.UU.) Alaska (U.S.)
Archipiélago de Hawái (EE.UU.) Hawaii Archipelago (U.S.)

Sudamérica p.6
South America p.6
1. Colombia Colombia
2. Venezuela Venezuela
3. Guyana Guyana
4. Surinam Surinam
5. Guayana Francesa French Guiana
6. Brasil Brazil
7. Paraguay Paraguay
8. Uruguay Uruguay
9. Argentina Argentina
10. Chile Chile
11. Bolivia Bolivia
12. Perú Peru
13. Ecuador Ecuador

Europa p.8 Europe p.8
1. Islandia Iceland
2. Noruega Norway
3. Suecia Sweden
4. Dinamarca Denmark
5. Finlandia Finland
6. Rusia Russia
7. Estonia Estonia
8. Letonia Latvia
9. Lituania Lithuania
10. Bielorrusia Belarus
11. Ucrania Ukraine
12. Moldavia Moldova
13. Rumanía Romania
14. Bulgaria Bulgaria
15. Turquía Turkey
16. Chipre Cyprus
17. Grecia Greece
18. Albania Albania
19. Macedonia Macedonia
20. Kosovo Kosovo
21. Montenegro Montenegro
22. Bosnia-Herzegovina Bosnia & Herzegovina
23. Serbia Serbia
24. Croacia Croatia
25. Eslovenia Slovenia
26. Hungría Hungary
27. Eslovaquia Slovakia
28. Polonia Poland
29. República Checa Czech Republic
30. Austria Austria
31. Italia Italy
32. Malta Malta
33. España Spain
34. Portugal Portugal
35. Francia France
36. Irlanda Ireland
37. Reino Unido United Kingdom
38. Países Bajos Netherlands
39. Bélgica Belgium
40. Luxemburgo Luxembourg
41. Alemania Germany
42. Suiza Switzerland

Islas Baleares (España) Balearic Islands (Spain)
Córcega (Francia) Corsica (France)
Cerdeña (Italia) Sardinia (Italy)
Sicilia (Italia) Sicily (Italy)
Creta (Grecia) Crete (Greece)

África p.10 Africa p.10
1. Marruecos Morocco
2. Túnez Tunisia
3. Argelia Algeria
4. Libia Libya
5. Egipto Egypt
6. Sahara Occidental Western Sahara
7. Mauritania Mauritania
8. Senegal Senegal
9. Gambia Gambia
10. Guinea Bissau Guinea Bissau
11. Mali Mali
12. Guinea Guinea
13. Burkina Faso Burkina Faso
14. Sierra Leona Sierra Leone
15. Costa de Marfil Ivory Coast
16. Liberia Liberia
17. Ghana Ghana
18. Togo Togo
19. Benín Benin
20. Nigeria Nigeria
21. Níger Niger
22. Chad Chad
23. Sudán Sudan
24. Sudán del Sur South Sudan
25. Eritrea Eritrea
26. Yibuti Djibouti
27. Somalia Somalia
28. Etiopía Ethiopia
29. República Centroafricana Central African Republic
30. Camerún Cameroon
31. Guinea Ecuatorial Equatorial Guinea
32. Santo Tomé y Príncipe São Tomé and Príncipe

33 Uganda Uganda
34 Kenia Kenya
35 Gabón Gabon
36 República del Congo Republic of the Congo
37 Ruanda Rwanda
38 Burundi Burundi
39 República Democrática del Congo Democratic Republic of the Congo
40 Tanzania Tanzania
41 Angola Angola
42 Zambia Zambia
43 Mozambique Mozambique
44 Malawi Malawi
45 Zimbabwe Zimbabwe
46 Botsuana Botswana
47 Namibia Namibia
48 Madagascar Madagascar
49 Suazilandia Swaziland
50 Lesoto Lesotho
51 Sudáfrica South Africa
52 Mauricio Mauritius
53 Cabo Verde Cape Verde
54 Comoras Comoros
55 Seychelles Seychelles
Las Islas Canarias (España)
  Canary Islands (Spain)

Asia p.12 Asia p.12
1 Turquía Turkey
2 Rusia Russia
3 Georgia Georgia
4 Armenia Armenia
5 Azerbaiyán Azerbaijan
6 Siria Syria
7 Líbano Lebanon
8 Israel Israel
9 Jordania Jordan
10 Arabia Saudí Saudi Arabia
11 Yemen Yemen
12 Omán Oman
13 Emiratos Árabes Unidos
  United Arab Emirates
14 Qatar Qatar
15 Baréin Bahrain
16 Kuwait Kuwait
17 Irak Iraq
18 Irán Iran
19 Turkmenistán Turkmenistan
20 Uzbekistán Uzbekistan
21 Kazajistán Kazakhstan
22 Kirguistán Kyrgyzstan
23 Tayikistán Tajikistan
24 Afganistán Afghanistan
25 Pakistán Pakistan
26 Maldivas Maldives
27 India India
28 Sri Lanka Sri Lanka
29 Nepal Nepal
30 Bangladés Bangladesh
31 Bután Bhutan
32 Myanmar (Birmania)
  Myanmar (Burma)
33 Laos Laos
34 Vietnam Vietnam
35 Camboya Cambodia
36 Tailandia Thailand
37 Malasia Malaysia
38 Singapur Singapore
39 Indonesia Indonesia
40 Timor Oriental East Timor
41 Brunéi Brunei
42 Filipinas Philippines
43 China China
44 Taiwán Taiwan
45 Mongolia Mongolia
46 Corea del Norte North Korea
47 Corea del Sur South Korea
48 Japón Japan

Australia, Nueva Zelanda y las Islas del Pacífico p.14
Australia, New Zealand, and the Pacific Islands p.14
1 Australia Australia
2 Nueva Zelanda
  New Zealand
3 Tonga Tonga
4 Fiyi Fiji
5 Vanuatu Vanuatu
6 Islas Salomón
  Solomon Islands
7 Papúa-Nueva Guinea
  Papua New Guinea
8 Palaos Palau
9 Estados Federados de Micronesia Federated States of Micronesia
10 Nauru Nauru
11 Islas Marshall
  Marshall Islands
12 Kiribati Kiribati
13 Samoa Samoa
14 Tuvalu Tuvalu
Islas Marianas (EE.UU.)
  Mariana Islands (U.S.)
Nueva Caledonia (Francia)
  New Caledonia (France)
Tasmania (Australia)
  Tasmania (Australia)
Islas Kermadec (NZ)
  Kermadec Islands (NZ)
Tokelau (NZ) Tokelau (NZ)
Islas Wallis y Futuna (Francia)
  Wallis and Futuna Islands (France)
Samoa Americana (EE.UU.)
  American Samoa (U.S.)
Niue (NZ) Niue (NZ)
Islas Cook (NZ) Cook Islands (NZ)
Hawái (EE.UU.)
  Hawaii (U.S.)
Tahití (Francia) Tahiti (France)
Polinesia Francesa (Francia)
  French Polynesia (France)
Islas Pitcairn (Reino Unido)
  Pitcairn Islands (U.K.)

Antártida p.16
Antarctica p.16
Océano Ártico p.17
Arctic Ocean p.17
1 Canadá Canada
2 Groenlandia Greenland
3 Islandia Iceland
4 Rusia Russia
Svalbard (Noruega)
  Svalbard (Norway)
La Isla de Baffin (Canadá)
  Baffin Island (Canada)

Parablas y espresiones de los mapas / Words and expressions on the maps

el río river
el monte mount
la montaña mountain
el desierto desert
el bosque forest
el cañón canyon
las cataratas falls
el lago lake
la isla island
la bahía (de) bay (of)
el golfo (de) gulf (of)
el mar (de) sea (of)
el océano ocean
el cabo (de) cape
hacia... towards...

el círculo polar antártico Antarctic Circle
el círculo polar ártico Arctic Circle
el ecuador Equator
el trópico de Capricornio Tropic of Capricorn
el trópico de Cáncer Tropic of Cancer

el océano Ártico Arctic Ocean
el océano Pacífico Pacific Ocean
el océano Atlántico Atlantic Ocean
el océano Indico Indian Ocean
el océano Austral Southern Ocean

la bahía de Hudson Hudson Bay
el golfo de México Gulf of Mexico
el golfo de Vizcaya Bay of Biscay
la bahía de Bengala Bay of Bengal
el golfo de Alaska Gulf of Alaska

el mar Caribe Caribbean Sea
el mar del Norte North Sea
el mar Báltico Baltic Sea
el mar Mediterráneo Mediterranean Sea
el mar Negro Black Sea
el mar de Ojotsk Sea of Okhotsk
el mar del Japón Sea of Japan
el mar de China Meridional South China Sea
el mar de Arabia Arabian Sea
el mar Rojo Red Sea
el mar Caspio Caspian Sea
el mar de Tasmania Tasman Sea
el mar de Groenlandia Greenland Sea
el mar de Noruega Norwegian Sea

el río Támesis Thames River
el río Tajo Tagus River
el río Ródano Rhône River
el río Rin Rhine River
el río Indo Indus River
el río Amarillo Yellow River
el río Yangtsé Yangtze River

las montañas Rocosas Rocky Mountains
la cordillera de los Andes Andes Mountains
los montes Cárpatos Carpathian Mountains
los Alpes Alps
los Pirineos Pyrenees
el monte de la Mesa Table Mountain
el monte Kenya Mount Kenya
el monte Kilimanjaro Mount Kilimanjaro
Himalayas Himalayas
el monte Everest Mount Everest
la Gran Cordillera The Great Dividing Range
les Alpes del Sur Southern Alps
las montañas Transantárticas Transantarctic Mountains

el Gran Cañón Grand Canyon
los Grandes Lagos The Great Lakes
las cataratas del Niágara Niagara Falls
las cataratas de Victoria Victoria Falls
la Amazonia Amazon Rain Forest
la Gran Barrera de Coral Great Barrier Reef

el desierto de Atacama Atacama Desert
el desierto del Sahara Sahara Desert
el desierto del Kalahari Kalahari Desert
el desierto de Gobi Gobi Desert

el Polo Sur South Pole
el Polo Norte North Pole

Nueva York New York
La Habana Havana
Londres London
París Paris
Berlín Berlin
Roma Rome
Atenas Athens
Teherán Teheran
Pekín Beijing
Puerto Moresby Port Moresby

EE.UU. U.S.